INDIAN

Indian

IMPRESSUM

HEEL-Verlag GmbH
Hauptstraße 354
53639 Königswinter
Tel. (0 22 23) 2 30 26
Fax (0 22 23) 2 30 28

Für die Originalausgabe:
Erstveröffentlichung: 1994 by
Osprey Publishing, vertreten
durch Reed Consumer Books Ltd.,
Michelin House, 81 Fulham Road,
London SW3 6RB
England

Verantwortlich für den Inhalt:
Garry Stuart, John Carroll

Design: Paul Kime/Ward Peacock
Partnership

Übersetzung:
Walther Wuttke, Bad Honnef

Umschlaggestaltung:
Olaf Schumacher, Bonn

Satz (Fremddatenübernahme):
Fotosatz Hoffmann, Hennef

Druck:
Lorenz Ellwanger, Bayreuth

Für die deutsche Ausgabe:

ISBN 3-89365-404-6

Halber Titel
Viele Indian-Maschinen werden mit Airbrush-Kunstwerken veredelt.

Titel
Die Chief mit 74 cu. in. (ca. 1200 ccm) war ein hervorragendes Gespann-Motorrad, was ein beeindruckendes Fahrzeug ergab.

INDIAN

Garry Stuart mit
John Carroll

HEEL

Der V-Twin mit 1000 ccm war eine bei Gespannfahrern beliebte Maschine.

Einleitung

Wenn von amerikanischen Motorrädern die Rede ist, fällt sofort der Name Harley-Davidson. Schließlich ist das Unternehmen der letzte Überlebende einer Industrie, die im Laufe der Jahrzehnte mehr als 250 Produzenten zählte. Der größte Konkurrent, der 1953 seine Produktion einstellen mußte, war die Hendee Manufacturing Company of Springfield, Massachussetts. Das Unternehmen hatte schon lange vor der Gründung von Harley-Davidson Motorräder mit dem Markennamen Indian produziert.

George M. Hendee, der Gründer der Fabrik, war 1866 geboren worden und war in seiner Jugend ein begeisteter Radsportler, der 1886 US-Meister bei den Amateuren wurde. Danach wechselte er zu den Profis, verkaufte zunächst Fahrräder, um dann später mit ihrer Herstellung Geld zu verdienen. Hendee betrachtete das motorisierte Fahrrad als logische Weiterentwicklung und als Mittel für eine Motorisierung der Massen. Bis dahin wurden Motorräder hauptsächlich als Schrittmacher bei Radrennen verwendet.

Dabei erwies sich eine Schrittmachermaschine als allen Konkurrenzmodellen überlegen. Sie war eine Entwicklung des schwedischen Einwanderers Carl Oscar Hedstrom. Oscar Hedstrom (den Carl ließ er irgendwann fallen) wurde 1871 geboren, wuchs in Brooklyn auf, wo er auch seine Schulausbildung absolvierte, um dann bei einem Hersteller von Uhrengehäusen in die Lehre zu gehen. Sein Interesse lag jedoch bei den Fahrrädern. 1892 war seine Ausbildung abgeschlossen und Hedstrom arbeitete für einige Betriebe in und um New York. In seiner Freizeit baute der talentierte Handwerker Fahrräder, die sich bei den Profis bald großer Beliebtheit erfreuten. Hedstrom wagte sich nun an Schrittmachermaschinen, die von De-Dion-Motoren angetrieben wurden. 1899 bot er eine Maschine an, die alle anderen Modelle übertraf. Die „Typhoon“ war angeblich das weltweit schnellste Zweirad seiner Zeit. Rennfahrer und Veranstalter wurden auf ihn aufmerksam. Dazu gehörte auch George M. Hendee, der zu jener Zeit Rennen im „Springfield Coliseum“ veranstaltete.

Hendee nahm Kontakt zu Hedstrom auf, um mit ihm ein Motorrad für private Kunden zu entwickeln. Seine Idee fiel bei Hedstrom auf fruchtbaren Boden. Der war sofort einverstanden und mietete eine Werkstatt in Middletown, Connecticut. Im Frühjahr 1901 bestand die Maschine ihre erste Testfahrt. Hendee und Hedstrom präsentierten das neue Motorrad schließlich zahlreichen geladenen Gästen und Journalisten, die sich von der Maschine und ihrer Leistung entsprechend beeindruckt zeigten. Ein glänzendes Kapitel in der Motorrad-Geschichte konnte nun beginnen.

Nach dem Krieg wurde mit einer 841-Gabel experimentiert, was sich am Motorrad von Neil Grieve, das gerade von Alan Forbes bewegt wird, gut besichtigen läßt.

Inhalt

Die ersten Jahre

Gemeinsam gründeten Hendee und Hedstrom die Hendee Manufacturing Company. Dabei fungierte Hendee als kaufmännischer Leiter, während Hedstrom für Entwicklung und Design zuständig war. Der Name „Indian“ wurde gewählt, weil beide meinten, daß er für ein amerikanisches Produkt angemessen sei.

Im Sommer und Herbst 1901 wurden in Hendees Fahrradfabrik in Springfield einige Motorräder gebaut. Die Fabrik hatte jedoch keine Gießerei, so daß die Motorgehäuse von der Aurora Automatic Machine Company in Illinois gefertigt wurden. Das Unternehmen baute eine kurze Zeit lang Motorräder mit dem Namen „Thor“ und benutzte dafür die selben Gehäuse. Während Hedstrom die ersten Modelle produzierte und schon einen Prototypen an den Rennstrekken ausstellte, verkaufte Hendee Aktien an Geschäftsleute in Massachussetts, um dem jungen Unternehmen eine gesunde finanzielle Basis zu verschaffen. Die beiden waren sich bewußt, daß sie für ihr Produkt Werbung machen mußten und stellten daher bereits 1902 eine Maschine in London bei der Stanley Bike Show aus.

Jules Frohlich mit seiner Indian aus dem Jahre 1904. Seine Maschine gilt als die am besten erhaltene antike Indian und wird vom Antique Motorcycle Club of America als Referenzmodell benutzt. Nur der Sitz und das Emblem auf dem Tank entsprechen nicht dem Original.

Die 1904 gebauten Modelle waren im Vergleich zu den Modellen des Jahres 1901 leicht verbessert. Dies ist das 667. von Hendee und Hedstrom gebaute Motorrad.

Die Zahl der Bestellungen überstieg bald die Produktionskapazitäten. 150 Maschinen wurden an Kunden ausgeliefert. George M. Hendee und Oscar Hedstrom hatten bewiesen, daß sie mit ihrer Idee auf dem richtigen Weg waren. Um ihr Produkt noch bekannter zu machen, setzten sie die Motorräder in zahlreichen Rennen ein, was viel Beachtung in der Öffentlichkeit brachte. 1902 gewann Indian in Brooklyn das erste Motorradrennen der USA über eine Strecke von zehn Meilen. Berichte darüber und andere Erfolge der Marke verschafften dem Unternehmen einige Prominenz in einer gerade flügge werdenden Industrie. 1904 deckten die Verkaufserlöse die Produktionskosten, und weiteres Kapital wurde aufgetrieben, um die Kapazitäten ausweiten zu können. 1904 verkaufte das Unternehmen 586 Motorräder. Im folgenden Jahr waren es mit 1180 Exemplaren ungefähr doppelt so viele. Hedstrom ließ ständig Verbesserungen in die Produktion einfließen.

Im Jahre 1911 begann die Ausdehnung der Indian-Fabrik. Land war gekauft worden, was wiederum durch die Ausgabe neuer Aktien finanziert worden war. Sie waren hauptsächlich von Bankiers und Investoren in Springfield erworben worden. Das sollte sich noch als zwiespältiger Segen herausstellen. Hendee und Hedstrom mußten angesichts der Konkurrenz die Preise ihrer Motorräder wettbewerbsfähig halten. Zugleich waren Hedstrom nur die besten Teile gut genug – gleichgültig, ob es sich um gekaufte oder eigene handelte. Trotz einer steigenden Nachfrage war der Gewinn pro Motorrad nicht sonderlich groß. Neue Aktienpakete wurden angeboten und verkauft, was dazu führte, daß die beiden Gründer die Kontrolle über ihr Unternehmen verloren.

Im Jahre 1912 kam es zu einigen Auseinandersetzungen zwischen dem Vorstand auf der einen und Hendee sowie Hedstrom auf der anderen Seite. Die Streitpunkte waren Dinge wie die Kosten des Rennteams, die Vergrößerung der Fabrik und der Gewinn je Motorrad. Die Direktoren der Fabrik waren in erster Linie Geschäftsleute und wollten Gewinne und Dividenden steigern. Wie so oft, siegten die Geldleute und gefährdeten unbewußt die Zukunft des Unternehmens im Interesse von kurzfristigen Gewinnen. Nach einigen Schachzügen der Geldseite gab Hedstrom am 24. März 1913 schließlich resigniert auf und zog sich trotz zahlreicher Angebote aus der Industrie nach Connecticut zurück. Für einige Beobachter endete an jenem Tag die ruhmreiche Indian-Geschichte, obwohl das Unternehmen noch einige hervorragende Maschinen produzierte und Siege bei Rennen erzielte. Trotz allem war jenes einschneidende Jahr das bis dahnin erfolgreichste in der Firmengeschichte. 32 000 Motorräder wurden produziert, wovon ein Viertel in den Export ging.

Charles B. Franklin, Rennfahrer (siehe Kapitel Sieben) und Ingenieur, wurde 1914 als Leiter der Entwicklungsabteilung eingestellt. Der Erste Weltkrieg war für Indian ein widersprüchliches Erlebnis. Europäische Exportmärkte gingen verloren – dafür kaufte die Army einige Powerplus-Maschinen. Ein Streit über den Preis dieser Maschinen führte 1916 schließlich zum Ausscheiden von Hendee. Das Geschäft mit dem Militär brachte keine großen Gewinne, führte aber dazu, daß die Unternehmensleitung die Kostenstruktur des Werkes untersuchte und schließlich die Produktion einiger Teile an Spezialisten vergab. Einer dieser Zulieferer, die Moore Drop Forge Company kaufte schließlich die Hendeeville-Fabrik.

Das half zwar kurzfristig, war aber nicht genug angesichts ständig sinkender Verkaufszahlen in den frühen zwanziger Jahren. Das Ergebnis waren rote Zahlen in der Bilanz. 1922 gab es bei Indian zusätzlich noch Probleme mit den Gewerkschaften. Der US-Motor-

Oben:
Der Einzylindermotor ist leicht nach hinten geneigt und beansprucht fast den ganzen Platz des Sattelrohrs.

Rechts:
Der Vergaser war eine Entwicklung von Oscar Hedstrom und trägt auch seinen Namen. Er wurde einige Jahre lang von Indian verwendet.

HEDSTROM CARBURETER
HENDEE MFG CO
SPRINGFIELD
MASS. U.S.A.
PAT. JUNE 9'03

radmarkt ging ständig bergab, wohingegen die Märkte in Übersee etwas besser aussahen. Dort gab es einen stabilen Bedarf an amerikanischen V-Twins — fast wie heute. Dennoch ließ der Verlust von mehr als einer Million Dollar die Zukunft nicht gerade rosig aussehen. Frank Weschler übernahm die Unternehmensleitung, und im folgenden Jahr verzeichnete die Gewinn-Verlust-Rechnung ein Plus von 200 000 Dollar. Ungefähr die Hälfte der Produktion wurde exportiert, wobei vor allem die Märkte in Südafrika und Australien viel abnahmen. Das Unternehmen wurde jetzt auch offiziell von Hendee Manufacturing Company in The Indian Motorcycle Company umbenannt, und Weschler wurde Präsident. Neuer Optimismus herrschte 1924, obwohl das Motorrad in den USA nur noch von einer Minderheit benutzt wurde. Schließlich liefen preiswerte Automobile von den Fließbändern, deren Preis in der Nähe der V-Twins lag. Benzin war billig, und natürlich boten die Autos mehr Platz und besseren Schutz gegen die Witterung. Dennoch wurden die Indian-Siege als Werbemittel eingesetzt.

Oben:
Die Verlustschmierung machte ein Sichtglas notwendig, an dem der Fahrer die Menge des noch vorhandenen Öls ablesen konnte.

Oben rechts:
Der wegen seiner Form „Kamelrückentank" genannte Behälter war geteilt und enthielt sowohl Benzin als auch Öl.

Rechts:
Die frühen Modelle konnten ihre Herkunft aus der Fahrradwelt nicht verheimlichen.

Die späteren Jahre

Umstände, die Indian nicht beeinflussen konnte, bedeuteten den Verlust einiger wichtiger Exportmärkte. 1925 erhob Großbritannien zum Beispiel eine 33prozentige Importsteuer auf Motorräder. Der bis dahin sehr erfolgreiche Importeur Billy Wells stellte innerhalb von wenigen Monaten seine Aktivitäten ein. Dennoch ging es Indian zu jener Zeit noch ziemlich gut. Allerdings war 1927 Weschler ausgeschieden, weil er sich mit dem Vorstand nicht über Investitionen für neue Werkzeuge einigen konnte. Sein Schritt demoralisierte die Belegschaft nachhaltig, weil man dort das Überleben der Marke mit seiner Person verband.

Louis J. Bauer, ein Industrieller aus Ohio, wurde sein Nachfolger und setzte auf Diversifikation. Es wurde sogar ein Auto produziert, das an den Austin 7 erinnerte.

Die steigende Inflation setzte die Regierung unter Druck, Importzölle zu erhöhen. Präsident Hoover gab schließlich diesem Druck nach und erhob Zölle, unter anderem auf Nahrungsmittel, was dazu führte, daß die betroffenen Länder wie zum Beispiel Neuseeland und Australien mit entsprechenden Abgaben — auch auf Motorräder — konterten. Der Export von Indian in diese Länder brach kurz darauf zusammen.

In den letzten Jahren des Jahrzehnts suchte Indian noch immer nach neuen Aktivitäten und begann mit der Produktion von Stoßdämpfern für Autos. Die Motorradhändler allerdings fühlten sich mehr und mehr vernachlässigt und beschwerten sich über die Qualität der ausgelieferten Motorräder, denen mitunter wichtige Teile fehlten. Es war durchaus nicht ungewöhnlich, daß bei den Maschinen ganze Kupplungen oder Dichtungen fehlten, was einige Händler veranlaßte, die Verträge zu kündigen. Bauer erkannte selbstkritisch, daß er nicht gerade erfolgreich gehandelt hatte, und stellte seinen Posten im Juni 1929 zur Verfügung. Als neuer Präsident folgte J. Russell Waite. Bargeld fehlte überall, und daher wurden die Motorräder an die Händler nur gegen Vorkasse ausgeliefert. Einige Direktoren wollten sich in Richtung Flugzeugindustrie orientieren, weil dort gute Gewinne erzielt wurden. Statt dessen begann das Unternehmen mit der Produktion von Außenbordmotoren, die Indian Arrow genannt wurden. Als E. Paul Du Pont jedoch die Kontrolle über Indian übernahm, wurde dieser Produktionszweig ersatzlos gestrichen.

Eine vordere Gabel mit Blattfeder löste 1910 die Fahrradkonstruktion ab. Diese Lösung wurde bis 1946 beibehalten.

Eine unrestaurierte Indian aus dem Jahre 1911. Der Schleifenrahmen hat bei dieser Maschine bereits den Fahrradrahmen abgelöst.

Nach diesen erfolglosen Ausflügen konzentrierte sich Indian wieder ausschließlich auf den Bau von Motorrädern. 1932 wurde das Lieferprogramm auf drei Modelle reduziert, die sich preiswert produzieren ließen. Im Prinzip waren sich die Maschinen sehr ähnlich, hatten nur verschiedene Motoren. Chief, Four und Standard Scout hatten ähnliche Rahmen und viele identische Teile. Dennoch blieb die Marke in den roten Zahlen. Das war aber nicht allein die Schuld des Managements, da die Weltwirtschaftskrise ihrem Höhepunkt entgegenging. Die Zahl der Mitarbeiter mußte reduziert und die Kosten noch weiter gesenkt werden. Die Wirtschaftskrise führte auch zu einem Überangebot von preiswerten Gebrauchtwagen, was die Lage der Motorrad-Produzenten noch weiter erschwerte. 1933 stellte Indian weniger als 2000 Maschinen her und erreichte damit einen Marktanteil von 20 Prozent.

Im Jahre 1934 verbesserte sich die Situation ein wenig, und die Verkaufszahlen übertrafen 2000 Exemplare. G. Briggs Weaver übernahm die Stelle des Leiters der Entwicklungsabteilung, nachdem

Charles B. Franklin 1932 gestorben war. Eine seiner ersten Aufgaben war die kostengünstige Überarbeitung der Modellpalette. Noch immer schrieb das Unternehmen rote Zahlen, was sich jedoch mit der Ankündigung einer neuen Baureihe und Erfolgen bei Rennen ändern sollte – hoffte man wenigstens. Rody Rodenburg, Ed Kretz und andere waren dann auch entsprechend erfolgreich. (Siehe Kapitel Sieben)

Der drohende Krieg in Europa verbesserte die wirtschaftliche Situation. Weltweit stellte man sich auf die militärische Produktion ein. Nach dem Angriff der Japaner auf Pearl Harbour wurde die amerikanische Industrie auf Kriegswirtschaft umgestellt. Indian erhielt 1944 eine Auszeichnung der Navy und Army für ihre militärischen Produkte in Springfield.

Nach dem Krieg übernahm Du Pont die Führung des Unternehmens, und einige andere leitende Manager wurden ausgetauscht. Im Oktober 1945 jedoch übernahm der Industrielle Ralph Burton Rogers zunächst die Aktienmehrheit und am 1. November schließlich auch die Leitung des Unternehmens. Rogers setzte auf die weitere Produktion von Motorrädern, was jedoch durch den Marshall-Plan für Europa nicht erleichtert wurde. Denn nun gab es die Konkurrenz von europäischen Motorrädern. Rogers, Briggs Weaver und andere sahen das Überleben der Marke in der Entwicklung von leichten Motorrädern, die sich an den Vorbildern aus Europa orientieren sollten. Neben diesen Neuentwicklungen wurde die Chief in überarbeiteter Form weiter produziert.

Die Ein- und Zweizylindermodelle hatten große Probleme in der Abteilung Zuverlässigkeit, was zu Spannungen zwischen Händlern und Management führte. Die Händlerschaft forderte die Wiederaufnahme der Produktion der Sport Scout aus den Vorkriegsjahren, die sie den Nachkriegsmodellen vorzog, und einige von ihnen versammelten sich sogar zu einer Protestkundgebung in Springfield. Die Finanzen der Firma hatten da schon einen gefährlichen Zustand erreicht. Rogers reiste nach England, um dort nach einer Marke zu suchen, die man importieren könne. Er unterschrieb einen Vertrag mit John Brockhouse, der die Brockhouse Ltd. in Southport leitete. Brockhouse investierte auch in die Indian Motorcycle Company und schickte Ingenieure in die USA, um die Ein- und Zweizylindermodelle zu verbessern. Die Twins jedoch erlebten ein Desaster bei dem berüchtigten Rennen in Laconia, New Hampshire. 50 Twins nahmen an dem Rennen teil (Werks- und private Maschinen), und alle fielen wegen Magnet-Problemen aus. Ein Dutzend der Vorkriegsmaschi-

Bei diesem Modell des Jahres 1911 gab es zum ersten Mal gegen Aufpreis eine Kupplung. Diese Maschine hat auch schon den Vorläufer eines Primärkettenkastens.

Im Jahre 1911 umfaßte die Indian-Modellpalette acht Maschinen mit verschiedenen Zündungssystemen und Hubräumen.

nen jedoch schaffte die Distanz. Als wäre das noch nicht genug, wertete die britische Regierung das Pfund ab, was zu einem Preisnachlaß für britische Motorräder um gut 20 Prozent führte. Auf diesem Preisniveau konnte Indian nicht mithalten. Die finanzielle Situation wurde immer verzweifelter und das Unternehmen schließlich in zwei Hälften geteilt. Die eine hieß Indian Sales Corporation und übernahm den Import britischer Motorräder, während die Produktion von der Titeflex Corporation übernommen wurde, die wiederum zur Atlas Corporation gehörte. Viele enttäuschte Händler hatten sich in der Zwischenzeit von der Marke ab- und britischen Motorrädern zugewandt. Ein paar Händler blieben allerdings der Chief treu, für die es noch immer Liebhaber (wie für die Maschinen von Harley-Davidson) gab. Titeflex beendete 1952 nach knapp 500 Exemplaren die Herstellung der Twins und ein Jahr später auch die Produktion der Chief. Die ruhmreichen Tage der „Rothäute“ waren endgültig vorbei.

Indian-Einzylinder

Das erste von der Hendee Manufacturing Co. produzierte Motorrad war eine Einzylindermaschine mit einem Hubraum von 13 cu. in. (ungefähr 225 ccm), die 1,75 PS leistete. Es konnte seine Herkunft vom Fahrrad nicht verheimlichen. Der Motor saß in einem Fahrradrahmen mit 28-Zoll-Rädern, leicht nach hinten geneigt und direkt über dem Radkranz. Er nahm fast den ganzen Platz des Sattelrohrs ein, dessen Rest am Zylinderkopf befestigt war. Wie bei den französischen De-Dion-Motoren saß das Zündsystem an der Kurbelwelle. Drei Batterien sorgten für ausreichenden Strom. Die Zündspule saß unter der vorderen Rahmenstange. Benzin und Öl wurden in einem auf dem hinteren Schutzblech montierten Tank transportiert. Die Form des Tanks trug ihm den Spitznamen „Kamelrücken" ein. Der Tank war in zwei Abteilungen für Öl und Benzin aufgeteilt. Die Verlustschmierung war ein einfaches System, das es notwendig machte, das Öl alle zehn Meilen (16 Kilometer) nachzufüllen. An einem Sichtglas konnte der Ölvorrat abgelesen werden. Ein kleiner Schalldämpfer war unterhalb des Rahmens befestigt. Der Motor wurde über zwei einfache Griffe bedient, die mit einem Übertragungsgestänge verbunden waren. Mit einem konnte man die Zündung verstellen, während der andere die Drosselklappe des von Hedstrom entwickelten Vergasers steuerte.

Die Kraftübertragung erfolgte über zwei Ketten. Eine ging vom Zahnkranz des Motors zur Vorgelegewelle in der hinteren Aufhängung. Beide Ketten hatten ihre eigenen hinteren Zahnkränze. Es herrschte mangels einer Kupplung ein permanenter Kraftschluß. Zum Bremsen mußte rückwärts getreten werden. Das Motorrad wog gut 90 Pfund und war um die 40 km/h schnell. Gestartet wurde es, indem man ein paar Meter in die Pedale mit offengehaltenem Auslaßventil trat, das man, wenn die Maschine genügend Geschwindigkeit hatte, wieder schloß. Bis 1904 änderte sich nur wenig. 1905 jedoch wurden die Modelle gründlich überarbeitet. Die charakteristische rote Lackierung wurde zum ersten Mal 1904 angeboten.

Zu den Verbesserungen des Modelljahrgangs 1904 zählten unter anderem die Einführung einer Federgabel vorne, die die Fahrradgabel ablöste, und die mehr Komfort bot. Die Feder konnte mittels eines Bolzens verstellt werden. Drehgriffe wurden eingeführt, damit der Fahrer zu jeder Zeit beide Hände an der Lenkstange hatte. Dies

Oben rechts:
George Twine besitzt diese Standard aus dem Jahre 1913 mit Hinterradfederung. Die gab es gegen Aufpreis. Indian war die erste Motorradmarke, die so etwas anbot.

Rechts:
Dieses Motorrad wurde vor 20 Jahren in Maine gefunden und von Twine restauriert. Dafür mußte er sogar den Tank nachbauen.

Indian

Indian
2171

verbesserte gleichzeitig angesichts der schlechten damaligen Straßen die Sicherheit. Obwohl sich bei Hubraum und Leistung nichts änderte, war das Modell schneller als sein Vorgänger. Dafür waren eine modifizierte Nockenwelle und die verbesserte Ventilsteuerung verantwortlich. Zylinderlaufbuchsen aus geschmiedetem Stahl trugen zu einer verbesserten Laufleistung bei.

In den Jahren 1906 und 1907 wurden Details wie der Sattel verbessert. Gegen Aufpreis konnten die Kunden ihr Exemplar auswählen, das ihrem Gewicht am ehesten entsprach. Der Motor leistete nun 2,75 PS und das Gewicht war auf 104 Pfund angestiegen. Gegen Aufpreis gab es für mutige Nachtfahrer sogar eine trübe Acetylen-Beleuchtung.

Im Jahre 1908 konnten die Kunden zwischen drei Hubraumgrößen wählen: 19 (ca. 310 ccm), 27 (ca. 440 ccm) und 30 cu. in. (ca. 490 ccm) große Motoren wurden angeboten, zusammen mit einer Magnetzündung.

Das Motorrad steckte damals noch in den Anfängen, und nachdem es vom Fahrrad abstammte, nutzte es auch dessen Rahmen. Es gab zu jener Zeit noch keine allgemeingültige Vorstellung über die Optik eines Motorrads. Die Indian sah so aus wie sie aussah, weil sie direkt vom Fahrrad abgeleitet worden war und diese Konfiguration erprobt und zuverlässig war. Andere Hersteller kamen von anderen Ursprüngen und gingen daher ihre eigenen Wege. Sie hatten einen Rohrrahmen entwickelt, der um den Motor herum gebaut war, was den Vorteil eines niedrigen Schwerpunkts hatte und auch besser aussah. Oscar Hedstrom erkannte das Potential dieser Konstruktion und brachte 1909 ein so konstruiertes Motorrad auf den Markt. In jenem Jahr wurden auch noch die herkömmlich gebauten Motorräder mit Fahrradrahmen für einen niedrigeren Preis angeboten. Allerdings sind sich die Experten einig, daß Hedstrom und Hendee nur den Lagervorrat aufbrauchen wollten.

Zusammen mit dem neuen Rahmen bot Indian eine ganze Reihe von Extras an: neue Drehgriffe, Sitze, Fußrasten und neue Reifen. Eine Einzylinder mit Riemenantrieb wurde, um den Wünschen der Händlerschaft zu entsprechen, ebenfalls ins Lieferprogramm aufgenommen. Indian war ein Vorreiter im Kettenantrieb – doch zahlreiche Händler fürchteten, daß ihre Marke damit Kunden verlieren könnte. Ob dies tatsächlich so war, läßt sich nicht mehr sagen. Auf jeden Fall hielt Indian die Produktionskosten der riemengetriebenen Modelle für zu hoch und stellte deren Herstellung am Ende des Jahres ein.

Bis 1915 wurde der Hedstrom-Vergaser in alle Indian-Motorräder eingebaut. Dann sorgte der billigere Schebler-Vergaser für die Gemischaufbereitung. Der hatte sich schon bei anderen Marken bewährt.

Der Motor mit einem Hubraum von 30,50 cu. in. (ca. 500 ccm) treibt das Hinterrad über ein Einganggetriebe an.

Im Jahre 1910 erlebte die Modellpalette wieder einige wichtige Änderungen. Dazu gehörte die Frontgabel mit Blattfeder, die bis zur Mitte der vierziger Jahre beibehalten werden sollte. Zusammen mit der Feder wurde ein kleines vorderes Schutzblech eingebaut, weil man glaubte, daß dies zusammen mit der Blattfeder den Dreck der Straßen abhalten könne. Ein Zweiganggetriebe wurde 1910 ebenfalls zusammen mit einer Kupplung erstmals angeboten. Der so ausgerüstete Motor wurde „free engine" genannt. Trittbretter wurden für einige Modelle serienmäßig. Indian wagte sich wieder an die Produktion einer riemengetriebenen Maschine, doch wie schon beim Vorgänger waren die Produktionskosten zu hoch, und das Modell verschwand nach einem Jahr wieder aus den Prospekten.

Im Jahre 1911 wurde die „free engine" gegen Aufpreis bei den 4 PS starken Einzylinder- und 7 PS leistenden Zweizylindermodellen verkauft. Indian versuchte sich wieder an einer riemengetriebenen Maschine und brachte es nun auf eine acht Modelle umfassende Palette, darunter Modelle mit Magnet- und Batteriezündung.

Nach dem Sieg bei der Tourist Trophy auf der Isle of Man 1911 (siehe auch Kapitel Sieben) brachte Indian „Tourist-Trophy-Modelle“ auf den Markt. Die Motorräder (Ein- und Zweizylinder) hatten einen nach vorne betätigten Kickstarter und doppelte Hinterradbremsen mit Fuß- oder Handbedienung. Damals schon mußten Motorräder in England zwei unabhängig voneinander bedienbare Bremsen haben. Offensichtlich war Großbritannien ein wichtiger Markt. Die Modellpalette des Jahres 1912 wurde um zwei Exemplare mit dem Auslaufen der Batterie-Zündung reduziert. Außerdem verschwand das riemengetriebene Motorrad aus dem Lieferprogramm.

Die V-Twins gewannen schnell an Beliebtheit. Sie paßten mit ihrer höheren Leistung besser zu den Bedürfnissen der USA mit ihren großen Entfernungen und schlechten Straßen. 90 Prozent der Produktion des Jahres 1913 entfiel auf diese Maschinen. Zwar bedeutete dies nicht die Totenglocke für die Einzylinder — doch sollten sie nie wieder ihre alte Beliebtheit gewinnen.

Indian glaubte an die Marktchancen eines kleinen und leichten Motorrads und brachte daher die „K Featherweight“ 1916 auf den Markt. Die Maschine hatte einen Hubraum von 221 ccm und leistete 2,5 PS. Sie hatte ein äußeres Schwungrad, Magnetzündung und wurde von einem Ölspray, der einen Liter Öl pro 100 Kilometer verbrauchte, geschmiert. Das „Leichtgewicht“ hatte ein Dreiganggetriebe, war ketttengetrieben und erreichte maximal 56 km/h. Der Verbrauch lag bei zwei Litern Benzin auf 100 Kilomter. Leider war es kein Verkaufserfolg und verschwand schnell wieder aus dem Lieferprogramm.

Das innovative Denken bei Indian führte 1913 zur Entwicklung eines neuen Rahmens. In diesem Jahr produzierte die Firma 42 Prozent aller in den USA hergestellten Motorräder und konnte sich zu Recht als größter Motorrad-Produzent der Welt bezeichnen. Die Hendee Manufacturing Company war das erste Unternehmen, das Hinterrad-Federung anbot. Der hintere Teil des Rahmens war als schwingende Einheit konstruiert, und die Federung übernahmen viertel-elliptische Federn, die der vorderen Aufhängung ähnelten. Dieses System übernahm die Arbeit der später üblichen Teleskopstoßdämpfer. Der feste Rahmen wurde als Extra beibehalten.

Ein späterer, nicht originaler Vergaser kommt hier anstatt des Hedstrom-Typs zum Einsatz.

Indian

Indian-Twins

Bis 1907 mußten die Kunden auf die erste V-Twin-Maschine warten. In diesem Jahr kamen gleich zwei Motorräder zu den Händlern: eine Straßenversion mit einem 38,61 cu. in. (ca. 620 ccm) großen Motor und eine Rennmaschine mit einem Hubraum von 60 cu. in. (ca. 980 ccm). Wie bei den Einzylindern war das Einlaßventil über dem mechanisch gesteuerten Auslaßventil angeordnet. Das Einlaßventil funktionierte entweder mechanisch oder als Saugventil. Die Verlustschmierung wurde von den Einzylindern übernommen, und wie bei ihnen stand nur ein Gang zur Verfügung. Der Twin erreichte eine Höchstgeschwindigkeit von knapp 100 km/h, je nach hinterem Zahnkranz. Für Rennen und Straßennutzung gab es entsprechende Übersetzungen. Ansonsten unterschieden sich die Twins nicht wesentlich von den Einzylindern, mit denen sie viele Teile gemeinsam hatten. Von 1913 an waren die Twins die beliebtesten Maschinen im Indian-Programm.

Eine etwas ungewöhnliche Zweizylindermaschine war das Ergebnis des Versuchs, im Markt der leichtgewichtigen Motorräder Fuß zu fassen. Das Modell O löste 1917 das leichte Modell K mit seinem Einzylinder ab. Das neue Modell hatte gegenüberliegende Zylinder und einen kleineren Hubraum. Anders als später bei BMW waren die Zylinder nicht rechts und links, sondern parallel zum Rahmen gegenüberliegend angeordnet wie bei der damals populären Douglas aus Großbritannien. Der seitengesteuerte, von Charles B. Franklin entwickelte Motor hatte einen Hubraum von 15,7 cu. in. (ca. 257 ccm) und Magnetzündung. Viele Teile waren aus Guß produziert, einschließlich der Zylinder und Kolben. Die geschmiedete Kurbelwelle lag in Bronzelagern und hatte ein außenliegendes Schwungrad. Ein Dreiganggetriebe wurde über eine Trockenkupplung geschaltet. Das Leichtgewicht erreichte nach Werksangaben 72 km/h und verbrauchte dabei knapp drei Liter auf 100 Kilometer.

Das Modell O war leicht zu starten, angenehm zu fahren, bot dabei gute Fahrleistungen und wurde dennoch kein Erfolg, weil die etwas konservativ eingestellte Händlerschaft lieber die V-Twins verkaufte. Außerdem war es mit einem Preis von 180 Dollar in ihren Augen zu teuer. Für diese Summe gab es schon ein gebrauchtes Auto. Die Produktion wurde daher 1919 eingestellt.

Oben rechts:
Der Käufer dieses Modells verzichtete auf die Hinterradfederung und zog die starre Konstruktion vor. Seit 1913 gab es die Federung gegen Aufpreis.

Rechts:
Dieses Modell stammt zwar aus dem Jahre 1913, hat aber später ein Dreiganggetriebe bekommen. Damals waren solche Nachrüstungen nicht ungewöhnlich.

Indian
R2911
AVON

R2911
AVON
SPEEDSTER

Im Jahre 1916 brachte Indian den Powerplus-Motor, der sich, seitengesteuert, radikal von Hedstroms Design unterschied. Der Motor hatte einen Hubraum von 60,88 cu. in. (ca. 990 ccm). Der Antrieb war bewußt langhubig ausgelegt worden, um so möglichst viel Drehmoment zu erhalten. Die Zylinder standen in einem Winkel von 42 Grad. Zylinder und -kopf waren aus einem Stück geschmiedet. Klappen ermöglichten den Zugang zu den Ventilen, unter anderem, um sie mittels einer Spritze voll Öl bei kaltem Wetter vom Start zu überzeugen. Die einfache Nockenwelle steuerte die beiden Ventile je Zylinder. Die Powerplus wurde Charles Gustafson Sr. zugeschrieben, obwohl Charles B. Franklin viel Entwicklungsarbeit geleistet hatte. Viele Details, wie die Schmierung, wurden von den frühen Twins übernommen. Allerdings gab es auch neue Lösungen wie zum Beispiel die Ablösung des Hedstrom-Vergasers durch eine Schebler-Gemischaufbereitung, die billiger war. Franklin wandte sich jedoch der Scout und Chief zu, so daß es nur noch minimale Änderungen an dem Motor bis zum Ende seiner Produktion gab.

Trotz der antiquierten Schmierung gab es auch einige modern wirkende Lösungen bei dem Motor mit Magnetzündung. Die Trockenkupplung des Dreiganggetriebes wurde durch einen Fußhebel bedient. Die Gangwahl erfolgte durch einen Drehgriff am Lenker. Das gut 400 Pfund schwere Motorrad erreichte ein Spitzentempo von ungefähr 100 km/h und verbrauchte um die sieben Liter auf 100 Kilometer. Alle 80 Kilometer war ein Liter Öl für die Schmierung fällig. 1924 wurde die Produktion eingestellt.

Die V-Twins hatten 1913 einen Anteil von 90 Prozent an der Produktion des Unternehmens.

Die Indian Scout

Zu Franklins besten Entwicklungen zählt die Indian Scout mit seitengesteuertem V-Twin-Motor, die Ende 1919 für die Saison des Jahres 1920 auf den Markt rollte. Es wurde schnell als solides und zuverlässiges Motorrad akzeptiert, dessen langlebiger Motor ein bedeutendes Verkaufsargument wurde. „Du kriegst die Indian Scout nicht klein", war der damalige Werbeslogan. Der Primärantrieb erfolgte über im Ölbad laufende Schneckenräder anstelle der üblichen Kette. Wie bei den Modellen zuvor erfuhr auch die erfolgreiche Scout, mit der einige Rekorde aufgestellt wurden, während ihrer Bauzeit nur wenige Änderungen. Der Primärantrieb zum Beispiel wurde bis 1933 beibehalten. Diese Art des Primärantriebs war zwar ziemlich laut, bot

Oben:
Dieser V-Twin wurde 1913 zum ersten Mal im englischen Derbyshire zugelassen.

dafür aber eine enorme Langlebigkeit. Abnehmbare Zylinderköpfe gab es von 1925 an, und eine Version mit 45 cu. in. (ca. 725 ccm) erschien 1927. 1928 kam die 101 Scout auf den Markt.

Auf den Exportmärkten hatte Indian natürlich mit der dortigen Konkurrenz zu kämpfen. Allerdings gingen einige Produzenten noch einen Schritt weiter. In Osaka produzierte ein japanisches Unternehmen exakte Kopien der Scout, die sich vom Original nicht unterschieden ließen. Etwas Ähnliches passierte auch in Deutschland, wo Max Bernhardt die Mabeco in Berlin produzierte. Die deutsche Scout erschien 1925 auf dem Markt. 1927 übernahm Reinhold Kleiber die Firma und baute Kopien der Scout mit einem 725 ccm großem Motor. Die Berliner Maschinen hatten einen deutschen Vergaser, einen Siemens-Magneten und natürlich metrische Maße.

Die 101 Scout war fast ein neues Motorrad mit einem auf 145 Zentimeter verlängerten Radstand. Ein niedriger angeordneter Sitz und ein schlanker gewordener Tank vervollständigten das elegante Erscheinungsbild. Der seitengesteuerte Motor leistete 18 PS, was eine Höchstgeschwindigkeit von 112 km/h ergab. Viele Kunden und Händler hielten die Scout für das beste Indian-Motorrad aller Zeiten, und es gab einen entsprechend lauten Aufschrei, als die Herstellung 1931 auslief. Der Ersatz für die Scout war ein 45 cu. in. großer Motor in einem Chief-Rahmen. Ein Motorrad mit 30 cu. in.

Rechts:
Häufige Reparaturen verlangten nach einem umfangreichen Vorrat an Ersatzteilen, die ständig mitgeführt werden mußten.

Links:
Indian brachte nach dem Sieg bei der Tourist Trophy auf der Isle of Man eine Serie von TT-Modellen heraus. Diese unrestaurierte Maschine aus dem Jahre 1915 gehört Max Bubeck.

Rechts:
Diese wechselgesteuerte Zylinderkopf-Konfiguration aus dem Jahre 1915 wurde ein Jahr später von der Powerplus übernommen.

(ca. 490 ccm) großem Aggregat wurde während des Jahres noch als Scout Pony vorgestellt, dem noch die Junior Scout und die Thirty-Fifty-Modelle folgten, wobei sich die Bezeichnung auf die Motorengröße von 30,5 cu. in. (500 ccm) bezog.

Trockensumpfschmierung wurde 1933 für alle Twins eingeführt, was damals ein gewaltiger Fortschritt war, und vor allem der Konkurrenz von Harley-Davidson einen Schritt voraus war. Eine Version mit 45 cu. in. der Scout Pony wurde als Motoplane vorgestellt, erwies sich jedoch als Fehlschlag, weil der schwache Rahmen nicht der größeren Leistung gewachsen war. Rennfahrer und sportlich eingestellte Freunde der Marke verlangten nach einem richtigen Sportmotorrad als Ersatz für die 101 Scout, und die Firma reagierte. Eine an englische Konstruktionen erinnernde Frontgabel verstärkte den sportlichen Look des Motorrads, dessen Rahmen zusammengenietet war. Die Sport Scout hatte auch neu entworfene, elegante Schutzbleche. Die bereits existierenden Modelle wurden nun zur besseren Unterscheidung in Standard Scout umgetauft. Im Modelljahr 1934 kehrte die Firma wieder zum Primärantrieb mittels Kette zurück.

Die Standard Scout bekam 1935 neue Schutzbleche, die denen der Sport Scout ähnelten. Kleinere Änderungen wurden 1936 an der Zündung vorgenommen, und 1936 wurde aus der Standard Scout die

Scout 45. Die meisten Änderungen an der Sport Scout waren das Ergebnis der Weiterentwicklung der Chief, einschließlich der Modifikationen am Zylinderkopf 1938, um eine bessere Kühlung zu erreichen. Die wuchtigen Schutzbleche, die man immer mit den Nachkriegs-Chief-Modellen in Verbindung bringt, wurden bereits 1940 bei den Versionen Thirty-Fifty und Sport Scout verwirklicht.

Auch die Sport Scout zog 1940 in den Krieg. Indian produzierte eine 30,5 cu. in.-Version (500 ccm) der Sport Scout und taufte das Motorrad 741. Ein interner Wettbewerb der US-Regierung wurde von der größeren Harley-Davidson 45 gewonnen, die in größeren Mengen für das Militär produziert wurde. Dennoch wurden eine ganze Menge von 741er an alliierte Truppen verkauft, und daher waren diese Modelle in Europa, Australien oder Neuseeland kein seltener Anblick nach dem Krieg. Einige Versionen mit 45 cu. in. (ca. 725 ccm) wurden als Modell 640-B nach Kanada als Gespanne verkauft.

Oben:
Nach dem Krieg wurden zahlreiche Militärmaschinen zivilisiert und verkauft. Sie waren ein häufiger Anblick in der Nachkriegszeit. Dies ist eine 741-B mit Vorkriegs-Lackierung.

Rechts:
Die Sport Scout mit 500 ccm wurde von den Armeen Großbritanniens, Australiens und Neuseelands eingesetzt und ist daher außerhalb den USA ziemlich weit verbreitet. Diese Maschine steht im Museum von Max Middelbosch.

Indian

Paul Pearce aus Oxford, Michigan, ist der stolze Besitzer dieses Model O Light Twin. Der Eintritt der USA in den Ersten Weltkrieg führte zu einer Ausweitung der Produktion. Indian lieferte mehr Motorräder als alle anderen Hersteller zusammen. Allerdings brachten die Militärmaschinen nur kleine Gewinne, und die wurden auch noch von der Inflation geschluckt.

Die Indian 841

Technische Entwicklungen werden in Kriegszeiten ganz entscheidend beschleunigt. Indian hatte zwar einige Lieferverträge bekommen, wollte aber diesen Geschäftszweig ausbauen. Die US-Regierung verlangte Motorräder mit Kardanantrieb, was Indian veranlaßte, ein solches Exemplar zu entwickeln. Die Ingenieure stellten ein Motorrad auf die Räder, das einige Innovationen, aber auch vertraute Lösungen bot. Der V-Twin mit 45 cu. in. war so im Rahmen angeordnet, wie es später auch Moto Guzzi und Honda tun sollten. Der Motor nutzte eine ganze Reihe von Teilen aus der Sport Scout, der Antrieb erfolgte indes über eine Kardanwelle. Die vordere Aufhängung war eine klassische Trapezgabel. Die Drehgriffe bestanden aus Gummi, um die Vibrationen zu mindern. Nur 1000 Exemplare wurden gebaut und außer der Überprüfung erlebte wohl keine einen militärischen Einsatz. Die Army hatte eine andere Entwicklung entdeckt: den Jeep. Trotzdem war das Projekt kein Totalverlust, denn Gabel, Griffe, Naben und Bremsen wurden von den Nachkriegs-Chiefs übernommen.

Oben:
Das Baujahr (1917) läßt sich ziemlich leicht bestimmen, weil die Vordergabel schraubengefedert ist. Die Modelle des Jahrgangs 1918/19 hatten die weiter verbreitete Blattfeder.

Oben links:
Die horizontale Lage der gegenüberliegenden Zylinder mit einem Hubraum von 257 ccm macht das O-Modell zu einer für Indian ungewöhnlichen Erscheinung.

Links:
Der Seitenventil-Zweizylinder hatte ein außenliegendes Schwungrad. Er wurde für seine Laufkultur gerühmt.

Oben:
Die 1916 vorgestellte Powerplus wurde von Indians erstem seitengesteuerten V-Twin angetrieben.

Links:
Das 1918 gebaute Modell hat den seitengesteuerten Motor mit 1000 ccm, der für den späteren Erfolg der Marke verantwortlich sein sollte.

Rechts:
Die Stoßstangen für die Ventilsteuerung sind auf diesem Bild ebenso gut zu erkennen wie die aus einem Stück gegossenen Zylinder und -köpfe.

Indian

Die Indian Chief

Die Chief ist wahrscheinlich das bekannteste Motorrad der Marke aus Springfield, Massachussetts. Wenn ihr Name fällt, denkt man sofort an ausladende Schutzbleche, Kettenschutz und barocke Formen. Doch das ist das Kennzeichen der zuletzt gebauten Chief-Modelle nach dem Kriegsende. Die Typenbezeichnung geht zurück auf das Jahr 1922, als Indian ein von Charles B. Franklin entwickeltes Motorrad mit V-Twin und 61 cu. in. (ca. 1000 ccm) auf den Markt brachte. Ursprünglich hieß es Big Scout und war für den Gespann-Betrieb gedacht. Für das Motorrad war eigens ein neuer Rahmen entwickelt worden. Einige Ideen und Teile wurden von der Powerplus übernommen. Dazu gehörten Teile des Getriebes, der aus einem Stück bestehende Zylinder samt -kopf. Der Zugang zu den Ventilen war wie bisher nur über bewegliche Klappen möglich. 1923 folgte dann eine Chief mit größerem Motor. Als Big Chief hatte sie 74 cu. in. (ca. 1200 ccm). Die ständige Überarbeitung des Modells setzte sich bis zum Ende des Jahrzehnts fort. Eine wichtige Verbesserung war die Einführung von abnehmbaren Zylinderköpfen für die Modelle des Jahrgangs 1925. Andere Modifikationen wie die Einführung eines Aluminium-Tanks waren nicht erfolgreich. Der Tank wurde wegen Problemen mit seiner Dichtigkeit bereits ein Jahr später gestrichen.

Eine völlig überarbeitete Chief kam 1932 auf den Markt. Die neuen Modelle hatten eine längere Frontgabel und einen größeren Rahmen. Der Benzintank hatte ein neues Design und war nun wesentlich eleganter. Das Zündungssystem war ebenfalls modernisiert worden, wobei nun die früher verschwendete Energie genutzt werden konnte. Die Verlustschmierung wurde jedoch beibehalten. Wieder wurde das Modell einige Jahre lang ohne nennenswerte Veränderungen gebaut. Neue Farbgebungen zeigten den Übergang zu Du Pont als Eigentümer, außerdem gab es neue Rücklichter und Schutzbleche.

Gegen Aufpreis gab es 1935 den Y-Motor für die Chief, der größere Kühlrippen und Zylinderköpfe aus Aluminium hatte. 1936 wurde die Zündung wieder geändert – jetzt übernahm eine Zündspule die Arbeit. Ein Verteiler von Autolite wurde serienmäßig, und das Magnetsystem gab es nur noch auf besondere Bestellung. Im Jahre 1937 wanderte der Schalthebel vom hinteren Ende des Tanks nach vorne, was ein neues und kompliziertes Gestänge notwendig machte. Eine weitere Verbesserung, die keine war und nach einem

Oben:
Die Big Chief, eine Maschine mit 1200-ccm-Motor, wurde 1923 vorgestellt. Dieses Exemplar gehört Donald Haras und stammt aus dem zweiten Produktionsjahr.

Oben rechts:
Die Big Chief hatte noch viele Teile der Powerplus, einschließlich der aus einem Guß bestehenen Zylinder und -köpfe.

Rechts:
Die Mabeco war eine in Berlin produzierte Kopie. Sogar der Schriftzug „Mabeco" ahmt die Indian-Schreibweise nach.

Indian

Links:
Mark Johnson ist der Besitzer dieser Big Chief. Das 1926 gebaute Motorrad wurde von ihm restauriert. Es war das erste Mal, daß er sich an eine solche Aufgabe heranwagte.

Rechts:
Mark Johnsons Motorrad in seiner ganzen Schönheit. Die Optik der Big Chief blieb von 1923 bis 1927 fast unverändert.

Jahr wieder abgeschafft wurde, war die Verlegung der Ölleitung, weil sich an der Außenhaut des Motors zuviel Öl ansammelte. Doch das konnte das Experimentieren nicht stoppen, und eine neue Ölpumpe, die die Angelegenheit spürbar verbesserte, wurde eingebaut.

1939 fand die Weltausstellung statt, und die Indian-Modelle schwelgten in Chrom und neuen Farben. Ein neues hinteres Schutzblech, Luftfilter und höhergesetzte Endrohre glänzten um die Wette. Ein ausladendes vorderes Schutzblech war 1940 ein Vorbote des späteren Erkennungszeichens der Nachkriegsmodelle. Eine bedeutendere Änderung war hingegen die Einführung von Kolbenfedern hinten. In dem Kolben saßen zwei Schraubenfedern, wobei die obere die Federung und die untere die Dämpfung übernahm. In diesem Jahr experimentierte Indian auch mit einem neuen Ölfilter, der sich jedoch bei kaltem Wetter als untauglich erwies.

Genauso wie Indian sich auf Verträge mit der Polizei verließ, wollte das Unternehmen auch mit dem Militär ins Geschäft kommen. Das war zwar nicht besonders profitabel, sorgte jedoch für einen guten Absatz und Beschäftigung in der Fabrik. Indian wollte seine Motorräder an die amerikanischen und alliierten Militärs verkaufen. Im Oktober 1939 bestellte die französische Armee 5000 Chiefs mit Seitenwagen, was in Springfield als glückliche Fügung angesehen wurde. Im März 1940 waren die Motorräder produziert, und 2500

Das Kurbelgehäuse war ebenfalls in Indian-Rot lackiert.

Indian

Maschinen wurden nach New York gebracht, um dort auf SS Hanseatic Star verladen zu werden. Leider erreichten die Maschinen Frankreich nie. Der Frachter wurde im Atlantik von einem deutschen U-Boot aufgespürt und versenkt. Die militärischen Chiefs waren die Basisversionen der 1940 gebauten Modelle, allerdings ohne Chrom. Statt dessen waren sie olivgrün lackiert.

Nach dem Krieg gab es nur die Chief mit 74 cu. in. (ca. 1200 ccm) großem Motor. Eine der sichtbarsten Modifikationen war die Trapezgabel. Die sorgte für eine sanftere Fahrt, indem sie den Federweg mehr als verdoppelte. Die hintere Federung wurde ebenfalls weicher. Die Modelle des Jahres 1947 waren überarbeitete und verfeinerte Versionen des vorangegangenen Modelljahres mit anderen Emblemen auf dem Tank, einem überarbeiteten Kickstarter und optimiertem Kettenschutz. Eine neues Kupplungslager war eine „Verbesserung", die 1948 wieder verschwand. In diesem Jahr wurde auch der Auspuff geändert.

Der große Hubraum des Motors machte die Big Chief zu einem idealen Gespann-Motorrad. Brett Colsons Maschine aus dem Baujahr 1928 schleppt einen Goulding-Seitenwagen.

Oben rechts:
Im Baujahr 1928 wurde die Sitzhöhe abgesenkt, was dem Motorrad zusammen mit dem schlankeren Tank ein elegantes Aussehen gab.

Rechts:
Der seitengesteuerte V-Twin mit Zylindern in 42-Grad-Bauweise hatte einen Hubraum von 42 cu. in. (ca. 690 ccm) und leistete geschätzte 18 PS. Die Kraftübertragung übernahm ein Dreiganggetriebe.

Indian
SCOUT
MOTOCYCLE CO.
MASS. U.S.A.

Oben:
Die 101 Scout war 112 km/h schnell. Tuning ließ sie noch schneller werden. Dank ihrer guten Fahreigenschaften war sie ein sehr beliebtes Motorrad.

Rechts:
Tony Leenes restaurierte diese 101 Scout, Baujahr 1928. Der verlängerte Radstand brachte noch bessere Fahreigenschaften mit sich und machte die Maschine zu einer Legende.

Indian
SCOUT

1949 war, was die Produktion anging, ein ruhiges Jahr. Die Firma war damit beschäftigt, in eine neue Fabrik umziehen, die sich originellerweise im ursprünglichen, von den Gründern des Unternehmens gebauten Komplex befand. (Siehe Kapitel Sechs)

Die Chief begann die fünfziger Jahre mit einer Teleskop-Gabel und einem auf 80 cu. in. (ca. 1300 ccm) vergrößerten Motor. Weniger ins Auge fiel der Gasdrehgriff. Dies war für Indian eine Premiere. 1951 wurden keinerlei Änderungen vorgenommen. Ein Jahr später jedoch kam eine überarbeitete Chief. Das vordere Schutzblech war nun etwas kleiner, der Sattel war fest eingebaut und die Endrohre neu angeordnet worden. Ein neu entworfener Tank und Kettenschutz gehörten ebenso zu den Modifikationen wie eine Motorabdekkung, die es erstmals bei Indian gab. Eine Gabelabdekung wurde

Oben:
Eine restaurierte Scout (Baujahr 1931) im Schaufenster eines Indian-Händlers in Edinburgh.

Rechts:
Die 1934 vorgestellte Sport Scout hatte einen zusammengeschraubten Rahmen. Viele der Maschinen wurden bei Rennen eingesetzt.

Indian

P OFF I L H
20 0 20
DISCHARGE
CHARGE
Indian
CONN. TEL. & ELEC. CORP.
10 20 30 40 50 60 70 80 90 100 110
Indian
OIL

Oben:
Elmer Lowe startet seine hervorragend restaurierte Chief aus dem Jahre 1936 auf dem Daytona International Speedway. Dieses Motorrad hat keinen zusätzlichen Chrom und ausschließlich Extras, die zur damaligen Zeit vom Werk angeboten wurden.

Ganz oben:
Diese Chief aus dem Jahre 1937 hat später nachgerüstete Zylinderköpfe und Laufbuchsen.

Links:
Die Instrumente einer Chief, Baujahr 1937

1953 eingebaut. In diesen letzten Jahren wurden Veränderungen aus praktischen und aus finanziellen Gründen vorgenommen. Preiswertere Amal-Vergaser aus Großbritannien lösten die Linkerts ab, und Lenkerhebeleien von Amal wurden verwendet. Indian nutzte die noch vorhandenen Schalldämpfer der Paralleltwins bei den letzten Chiefs. 1952 und 1953, so wird geschätzt, wurden insgesamt 1300 Maschinen hergestellt.

Oben:
Für das Baujahr 1941 bekam die Chief ausladende Schutzbleche, die für die Nachkriegsmodelle typisch werden sollten. Auch die Federung des Hinterrades wurde in diesem Jahr eingeführt.

Rechts:
Die Sport Scout der Jahre 1940 und 1941 hatten neue Zylinderköpfe und Laufbuchsen, um die Kühlung zu verbessern. Außerdem ergab ein veränderter Lenkkopfwinkel besseres Handling.

INDIAN

INDIAN

Oben:
An der hinteren Federung schieden sich die Geister. Während viele Fahrer die Lösung begrüßten, meinten andere, daß sie hätte besser sein können, und eine weitere Fraktion fühlte überhaupt keinen Unterschied zu den ungefederten Modellen.

Links:
Eine weitere Restaurierungsarbeit von Elmer Lowe: eine Sport Scout, Baujahr 1941. Es ist ziemlich schwer, heute eine serienmäßige Sport Scout zu finden, weil die Rennfahrer der damaligen Zeit jeden überflüssigen Ballast entfernten. 1942 wurde die Produktion des Modells beendet.

Links:
Neil Grieve aus Edinburgh mit der von ihm restaurierten Maschine aus dem Jahre 1947. Jedes bewegliche Teil wurde von ihm nachgebaut.

Unten:
1947 erschien zum ersten Mal das beleuchtete Markenzeichen an den Maschinen. Außerdem kehrte der Chrom zurück, der bis zu jener Zeit schwer zu beschaffen war.

Die großzügigen Schutzbleche wurden in der Nachkriegszeit dreimal überarbeitet. 1947 erschien der Schriftzug der Marke auf dem Tank.

Oben:
Die ersten Chiefs der Nachkriegszeit lassen sich leicht an ihrer Trapezgabel erkennen, wie dieses Modell zeigt, das mit Satteltaschen und Windschutz der damaligen Zeit ausgestattet ist.

Links:
Nach dem Krieg gab es nur den seitengesteuerten Motor mit 74 cu. in. (ca. 1200 ccm) Hubraum.

Oben:
Ken Young besitzt diese Chief (Baujahr 1947) seit 20 Jahren und beschreibt sie als „gutes und zuverlässiges Motorrad“.

Rechts:
Der Motor hatte einen tatsächlichen Hubraum von 73,62 cu. in., leistete um die 40 PS, erreichte eine Höchstgeschwindigkeit von 136 km/h und verbrauchte knapp sechs Liter auf 100 Kilometer.

Folgende Seite:
Diese Chief ist ein Modell aus dem Jahr 1947 mit einem später montierten Sitz.

Indian

Indian

Oben:
Ein vorsichtiger Pilot überprüft den Leerlauf seiner Maschine im sonnigen Daytona. Das stromlinienförmige hintere Schutzblech wird von den Lederpacktaschen verdeckt.

Rechts:
Nach dem Krieg bekam die Chief eine neue Ölpumpe und Verteiler.

Folgende Seite:
Der Primärantrieb der Chief war eine Kette, die in einem ölgefüllten Alukasten lief.

Indian

Indian
Indian

NEW YORK
8K364

Oben:
1946 kamen die letzten Modelle mit Trapezgabel auf den Markt. Wegen des Umzugs der Fabrik wurden 1949 nur wenige Maschinen hergestellt.

Links:
Eine Chief aus den späten vierziger Jahren unterwegs in Daytona Beach.

Indian
"Eighty"

Oben:
Die zweite Neuheit des Jahres 1950 war die Teleskop-Gabel. Harley-Davidson hatte seine Hydra-Glide-Gabel bereits ein Jahr zuvor eingeführt.

Links:
1950 wurde der 74 cu. in. (ca. 1200 ccm) große Motor der Chief auf 80 cu. in. (1300 ccm) mittels einer Verlängerung des Hubs vergrößert. Das Tankemblem wurde verändert, um auf die neue Größe hinzuweisen.

Oben:
Diese Form der Instrumente wurde 1948 eingeführt.

Rechts:
Die Teleskop-Gabel störte nicht das Design der Chief. Allerdings wurden die vorderen Schutzbleche leicht überarbeitet.

Indian
"Eighty"
Roadmaster

Oben:
Eine der letzten Veränderungen war die Montage einer Motorverkleidung bei den Modellen der Jahre 1952 und 1953.

Links:
Eine Gabelabdeckung war 1952/53 ebenfalls neu, zusammen mit einer weicheren Federung hinten, um die Wirkung der vorderen Teleskop-Gabel auszugleichen.

Rechts:
Ein Test der Chief mit 80 cu. in. (ca. 1300 ccm) großem Motor im Dezember 1950 ergab eine Leistung von 50 PS bei 4800 Umdrehungen.

Indian
"Eighty"

Oben:
Eine rote Warnleuchte löste 1948 das Ampèremeter ab.

Rechts:
Der Tank einer Blackhawk Chief. Die Modelle wurden mit der Einführung der Teleskop-Gabel so genannt. Doch ein neuer Name reichte nicht, um zu überleben, und so kamen die Modelle des Jahres 1952/53 mit neuem Tank, Sitzen und Schutzblechen — doch auch das war vergebliche Mühe.

Indian
"Eighty"

Indian-Vierzylinder

Zu Beginn der Weltwirtschaftskrise 1927 vergrößerte Indian seine Modellpalette um Motorräder mit Reihen-Vierzylindermotoren. In diesem Jahr hatte das Unternehmen die Produktionsrechte und Werkzeuge für das Ace-Motorrad gekauft. Die Ace war von den beiden aus Schottland stammenden Brüdern Will und Tom Henderson entwickelt und gebaut worden. Die beiden hatten bereits zwischen 1912 und 1917 unter ihrem eigenen Namen Motorräder gebaut, ihre Fabrik dann aber Ignatz Schwinn, dem Eigentümer der Marke Excelsior, verkauft. Nach einigen Jahren der Zusammenarbeit mit Schwinn trennten sich die Brüder von ihrer ehemaligen Firma und eröffneten wieder eine eigene Fabrik, wobei sich Tom allerdings wesentlich weniger hervortat als zu früheren Zeiten. Zwischen 1920 und 1922 produzierte die Firma einige Maschinen, doch 1922 kam Will Henderson bei einer Testfahrt ums Leben und sein Bruder verkaufte das Unternehmen, das noch durch mehrere Hände gehen sollte, bevor Indian schließlich zugriff.

Indian nahm nur wenige Änderungen an der Ace vor. Das Motorrad bekam kleinere Räder, wurde rot lackiert und hieß nun Indian Ace. 1929 wurde die Frontgabel mit Blattfeder (wie bei anderen

Links:
Alan Forbes unterwegs mit seiner Indian Four (Baujahr 1931). Dieses Motorrad gehörte früher dem Händler in Edinburgh und taucht immer wieder in Büchern über die Marke auf.

Rechts:
1931 wurde der Tank zum letzten Mal zwischen den Rohren des Rahmens eingebaut. Der Motor mit seinen 1265 ccm hatte genügend Drehmoment, um im höchsten Gang anfahren zu können.

Indian 4
Indian

Indian 4

Alan Forbes entdeckte das seit 1939 abgestellte Motorrad und bewegt es am liebsten in der passenden Kleidung.

Indian

Oben:
Der Motor einer 437 Sport Four, Baujahr 1937. Nur 1936 und 1937 wurde die Maschinen mit diesem unkonventionellen Motor gebaut.

Links:
Diese Seite des Motors mit Auspuffkrümmer sieht wesentlich aufgeräumter als die andere Seite aus.

Motorrädern der Marke) und ein neugestalteter Benzintank eingebaut. Das Modell hieß nun Indian Four Model 401. Später löste noch ein Doppelrohrrahmen die einfache Ace-Konstruktion ab und verringerte die Vibrationen.

Im Mai 1929 löste die 402 die 401 ab. Im Inneren des Motors hatte sich nun einiges verändert. Die Ace hatte eine dreifach gelagerte Kurbelwelle — nach der Überarbeitung war sie fünffach gelagert. Die Maschine hatte einen Hubraum von 77,21 cu. in. (ca. 1265 ccm), war luftgekühlt, hatte eine Höchstgeschwindigkeit von 112 km/h und verbrauchte 4,7 Liter auf 100 Kilometer. Der Motor wurde unverändert bis 1936 produziert. Ein Dreiganggetriebe wurde mit einem Schalthebel und einer Fußkupplung geschaltet. Zwischen 1928 und 1942 wuchs der Radstand auf 157 Zentimeter, und die meisten Änderungen spielten sich im Fahrwerk ab. 1932 zum Beispiel wurde ein neuer Rahmen eingeführt. Die Kundschaft konnte 1934 zwischen 24 verschiedenen Farbkombinationen wählen. Der Verkauf dieser Motorräder war nie beeindruckend — 1934 gerade 200 verkaufte Exemplare.

Das 1935 für 1936 angekündigte Motorrad, das Modell 436, tat wenig, um die Verkaufszahlen steigen zu lassen. Die Ingenieure des Hauses hatten die traditionelle Anordnung der Ventile vertauscht und das Auslaß- über das Einlaßventil plaziert. Damit sollte die Leistung gesteigert werden. Die optische Erscheinung war im Vergleich zu den konventionelleren Modellen nicht gerade schmeichelhaft, was nicht zuletzt an der Position des Auspuffkrümmers lag. 1937 wurde diese Entwicklung beim Modell 437 beibehalten. Mit Doppelvergaser wurde es die Sport Four.

1938 schließlich kehrte Indian mit der 438 wieder zur konventionellen Anordnung der Ventile zurück, die nun eine automatische Schmierung aufwiesen. Zylinder und Aluminiumköpfe waren paarweise aus einem Stück gegossen. Die Vierer waren nun wesentlich

Oben:
Im Jahre 1938 kehrte die Vierzylindermaschine wieder zur bewährten Ventilanordnung zurück.

Rechts:
Die verbreitete Lösung Einlaßventile hängend, Auslaßventile stehend zeigt dieses Modell 438, Baujahr 1938.

Indian
Indian

Oben:
Kalifornische Zulassungsbehörden gestatten solche Kennzeichen. Was würde auch besser zur Vierzylinder von Max Bubeck passen?

Rechts:
Max Bubeck auf seiner Vierzylinder aus dem Jahre 1939, die er damals neu gekauft hat.

verbessert und fuhren so in das Modelljahr 1939 mit minimalen Veränderungen. 1940 wurde der Rahmen überarbeitet und die Federung der hinteren Räder eingeführt. 16-Zoll-Räder konnten anstelle der 18-Zoll-Räder bestellt werden. Die Räder verschwanden praktisch unter den ausladenden Schutzblechen. 1941 wurde der Benzintank mit einem Chromstreifen geschmückt. Die Produktion der Vierzylinder endete 1942 mit der Auslieferung der letzten Polizeimaschinen. Bereits 1941 war die zivile Produktion nach dem Überfall der Japaner auf Pearl Harbour eingestellt worden.

Nach dem Krieg erlebte die Vierzylinder kein Comeback. Ihre Verkaufszahlen waren nie hoch gewesen. Vierzylinder waren kostspielige Motorräder und teurer als die Autos der damaligen Zeit, was auch an der komplizierten Maschine lag. Vierzylinder, vor allem die frühen Ace- und Indian-Modelle, waren ständig in Gefahr zu überhitzen und hatten häufig Getriebeprobleme. Dennoch gab es zwei Projekte, die jedoch nie aus dem Prototypen-Dasein herauskamen.

World's Finest
Indian
Indian

Das erste war eine Reihenvierzylinder-Maschine mit hängenden Ventilen und Kardanantrieb. Zwei Maschinen wurden gebaut.

Die Prioritäten der Kriegszeit führten jedoch dazu, daß das Projekt nicht weiter verfolgt wurde. Daneben gab es noch die Torque Four, die von der Torque Engineering Company entwickelt worden war. Das Konzept sah den Bau von Zylindern vor, die zusammengekoppelt werden konnten, um so aus zwei Einzylindermaschinen eine Zweizylinder- und aus zwei Zweizylinder- eine Vierzylindermaschine zu bauen. Das Konzept erwies sich als nicht erfolgreich, obwohl angeblich drei derartige Motorräder gebaut worden sein sollen.

Es waren die Japaner, die später erfolgreich Vierzylinder-Motorräder bauten. Freilich mit quer und nicht längs eingebauten Aggregaten.

Oben:
In den Jahren 1940 und 1941 wurden die Vierzylinder-Motorräder mit den ausladenden Schutzblechen und Hinterradfederung ausgestattet, die damals bei allen Modellen eingeführt wurde.

Rechts:
Nach dem Angriff der Japaner auf Pearl Harbour wurden die Vierzylinder-Modelle eingestellt und nur noch die Aufträge der Polizei ausgeführt.

STATE
POLICE

Indian-Paralleltwins

Ralph B. Rogers trieb die Entwicklung von Paralleltwins und Einzylinder-Maschinen bei Indian voran. Sie sollten durch das große Händlernetz verkauft werden. Er bestand auf der Produktion, und 1948 wurden die ersten Modelle als 1949er Versionen hergestellt. Zwei Modelle wurden angeboten: ein Einzylinder-ohv mit 220 ccm und eine Zweizylinder mit 440 ccm. Die Motorräder hießen 149 beziehungsweise 249. Beide Modelle hatten europäisches Design, Vierganggetriebe und Fußschaltung. Verzögerungen und Probleme in der Herstellung erklären die geringen Produktionszahlen. Die Modelle verkauften sich nicht besonders gut, und Lagermaschinen wurden 1950 als 1150 und 2250 angeboten.

Dennoch gab es 1950 noch zwei neue Modelle, und zwar die 250 Warrior und die Warrior TT, beide mit 500 ccm großen ohv-Motoren und Vierganggetriebe. Die Motorräder verkauften sich nur in kleinen Mengen, blieben aber bis 1952 im Lieferprogramm. In diesem Jahr beendete die Titeflex Corporation ihre Produktion.

Ein eher ungewöhnliches Extra für die Paralleltwins waren die Ski, die aus dem Motorrad ein Schneemobil machten. Dennis Bolduc demonstriert ihre Montage.

Indian

THE
FARM
TT
Indian Warrior
TT

Oben:

Das europäische Styling der TT Warrior aus dem Jahre 1950 zeigt, wo das Unternehmen seine Konkurrenten sah.

Links:

Chris Lord restaurierte diese TT Warrior.

Indian war immer an Geschäften mit der Polizei interessiert und produzierte daher diese Warrior. Neben der Aufschrift auf dem Tank und den roten Leuchten unterschieden sich diese Modelle noch durch die Trittbretter von den zivilen Maschinen.

Indian
Police Special

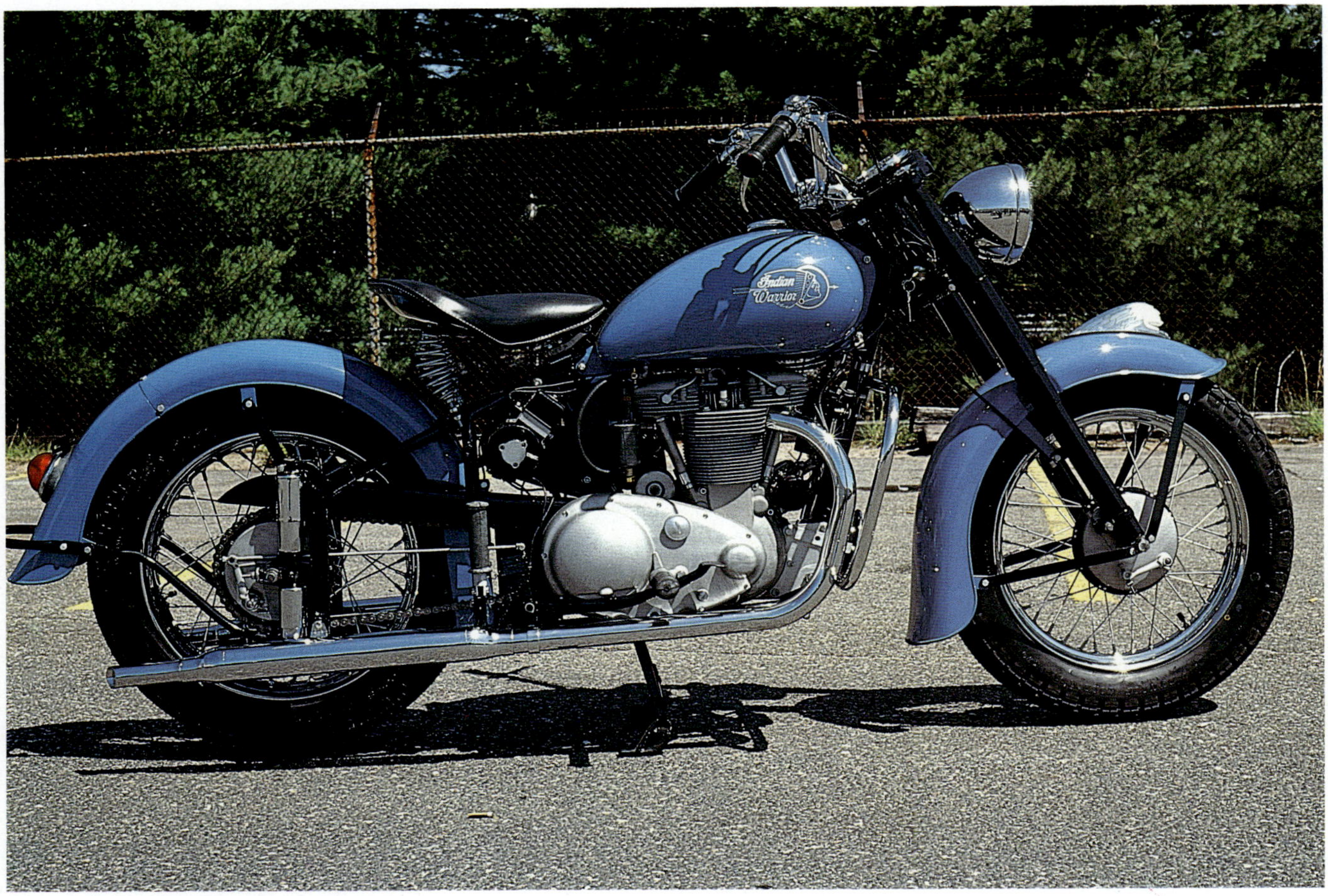

Ein Paralleltwin mit großem Rahmen. Die ersten Modelle wurden als zu klein kritisiert und daher baute Indian dieses Modell mit längerem umd größerem Rahmen, das allerdings nie in Serie ging.

Die Paralleltwins versagten kläglich bei dem berüchtigten Rennen in Laconia, was diesen Besitzer nicht davon abhält, heute an historischen Rennen teilzunehmen.

Indians auf den Rennstrecken

Wie bereits beschrieben, spielten die Rennerfolge eine wichtige Rolle in der Entwicklung der Marke. Einen der bedeutendsten Siege erzielte Indian 1911 ausgerechnet auf der anderen Seite des Ozeans in Großbritannien bei der Tourist Trophy auf der Isle of Man.

Tourist Trophy, Isle of Man, 1911

Wie das Motorrad, so steckten auch die TT-Rennen noch in den Kinderschuhen. 1911 entschloß sich die Rennleitung, das Rennen auf dem 60 Kilomter langen Bergkurs stattfinden zu lassen. Bis dahin waren die Rennfahrer auf dem wesentlich flacheren und nur 25 Kilometer langen St. John's-Kurs unterwegs gewesen. Fünf Runden auf der herausfordernden neuen Strecke bedeuteten, 300 Kilometer zu bewältigen, einschließlich der Steigung bei Snaefell, die fünfmal gefahren werden mußte. Pedalantrieb war verboten. Zum ersten Mal war das Rennen in Junior- und Senior-Wertung unterteilt. Natürlich hatte die Senior-Wertung für Fahrer und Hersteller den größten Wert. Die Maschinen wurden in zwei Hubraumklassen eingeteilt: die Einzylinder mit maximal 500 ccm und die Zweizylinder mit 585 ccm, weil man diese Maschinen noch für unzuverlässig hielt. Das stimmte zwar nicht mehr, aber so waren die Regeln nun mal. Hendee und Hedstrom hatten sich entschlossen, 1911 an der Senior-Wertung teilzunehmen und informierten ihren britischen Importeur Billy Wells, der begeistert zusagte und sich auf die Suche nach Piloten machte, die Hedstroms Fahrer, Jake De Rosier, unterstützen sollten.

Die beiden Partner bauten eine 3,75 PS starke Maschine mit den erlaubten 585 ccm (70 × 76 mm). Spezielle kleine Schwungräder und Kurbelgehäuse wurden hergestellt. Der Rest des Motors entsprach der Serie mit oben hängenden Einlaßventilen und seitlich stehenden Auslaßventilen, mechanischer Schmierung und abnehmbaren Zylinderköpfen. Ein bisher nur bei den 7-PS-Modellen verfügbares Zweiganggetriebe und Kettenantrieb wurden benutzt. Die rot lackierten Motorräder waren ebenfalls der Herausforderung angepaßt worden:

Oben rechts:
Dies ist das Motorrad, mit dem der zehnjährige Willy Wright 1911 von der Ostküste der USA an den Pazifik fuhr und damit der jüngste Pilot wurde, der diese Fahrt jemals unternahm. Das Motorrad wurde in Belgien entdeckt. Für den kleinen Piloten war der Sitz abgesenkt worden.

Rechts:
Diese äußerst seltene V-Twin aus dem Baujahr 1913 ist in absolutem Originalzustand, was sogar für die abgefahrenen Reifen gilt. Das Motorrad gehört heute Donald Haras.

Indian

49
Indian

Der Schalthebel war nach vorne verlegt worden, um dem Fahrer die Gangwechsel zu erleichtern, ein Öltank, der das Getriebe versorgte, war hinter dem Sitz befestigt worden, statt Trittbrettern waren Fußrasten montiert, und die Kupplung wurde per Hand bedient. Die Bremsen wurden per Fuß bedient und Drehgriffe am Lenker steuerten die Drosselklappe und die Zündung sowie der Ventilausheber. Die Frontgabel hatte eine Blattfeder. Ein Schalldämpfer fehlte, weil nicht vorgeschrieben.

64 Motorräder standen am Start. 24 waren Zweizylinder, darunter fünf von Billy Wells unterstützte Indians. Die beiden Stars waren Oliver Godfrey, der einige Monate zuvor den Rekord für Einzylindermaschinen gebrochen hatte, und der Amerikaner Jake De Rosier, ebenfalls ein Rekordfahrer. Die anderen Piloten waren Charlie Franklin aus Dublin, Jimmy Alexander und Arthur Moorhouse, ebenfalls erfahrene Rennfahrer. Der starken Truppe standen ebenso starke Teams von Matchless und Scott mit Charlie Collier und Frank Philipp gegenüber.

Jake De Rosier kehrte aus der ersten Runde nach 45 Minuten an der Spitze des Feldes zurück. Er hatte auf Godfrey und Collier eine halbe Minute Vorsprung. Moorhouse lag an vierter und Franklin an sechster Stelle. In der zweiten Runde übernahm Collier mit seiner Matchless die Spitze. Godfrey war nun Dritter. Alexander hatte einen

49

780

Unfall, verletzte sich am Knie und beschädigte die Drehgriffe seiner Maschine. In der dritten Runde überholte Godfrey De Rosier und am Ende der Runde lagen die vier Indians hinter der Matchless. Die Scott von Frank Philipp verzeichnete zwar die schnellste Runde, war aber weit abgeschlagen. Im vierten Durchgang hatte Collier eine Reifenpanne und fiel auf den dritten Platz zurück. De Rosier hatte mechanische Probleme und reparierte zwanzig Minuten lang an einem Auslaßventil und baute eine neue Zündkerze ein. Franklin war nun mit zwei Minuten Rückstand auf Godfrey Zweiter. Die Spannung war noch nicht zu Ende, denn in der letzten Runde überholte Collier Franklin und kam bis auf eine Minute an Godfrey heran. Trotz dieses waghalsigen Ritts siegte Godfrey schließlich, und Collier wurde disqualifiziert, weil er an einem nicht genehmigten Platz Benzin nachgetankt hatte. Der zweite Platz fiel also an den 25jährigen Franklin und der dritte an Moorhouse, was einen glatten Dreifachsieg für Indian bedeutete. De Rosier kämpfte sich noch auf einen elften Platz, wurde aber auch disqualifiziert, weil er Ersatzteile benutzt hatte, die er nicht in seiner Maschine transportiert hatte. Dies war der einzige Sieg eines amerikanischen Motorrads in der langen Geschichte der Tourist Trophy und zugleich der erste Dreifachsieg einer Marke.

International Six Days

Ein anderes, heute traditionsreiches Motorsportereignis begann damals: die International Six Days. Es wurde zum ersten Mal 1907 in Großbritannien ausgetragen und hieß da noch The Thousand Mile Reliability Trial. Die Veranstaltung wurde auf öffentlichen Straßen ausgetragen, wobei zu bestimmten Zeitpunkten festgelegte Punkte angefahren werden mußten. Es kam also mehr auf die Zuverlässigkeit als auf Geschwindigkeit an.

T. K. Hastings, genannt Teddy, aus New York nahm an der Rallye teil und gewann sie auf seinem V-Twin. Den Sieg verdankte er zweifellos dem Hedstrom-Motor und der Tatsache, daß der Kettenantrieb in hügeligem Gelände im Vorteil war. Teddy Hastings hatte seine Teilnahme 1907 aus der eigenen Tasche bezahlt. Im folgenden Jahr bekam er Werksunterstützung und bedankte sich mit einem weiteren Sieg. Später wurde er Indian-Händler in Melbourne, Australien.

Links und vorhergehende Seiten:
Vier Bilder von einem Oldtimer-Rennen in Daytona: Butch Baer auf einer Scout aus dem Jahre 1926, Jim Smith auf einer 101 Scout, noch einmal Butch Baer auf einer Sport Scout (Baujahr 1937) und schließlich eine seltene Daytona Sport Scout (Baujahr 1948). Nur 50 Exemplare wurden von diesem Modell gebaut.

91x
M
Indian

Volney Davis

Volney Davis war von den Indian-Maschinen begeistert und unternahm 1910 eine bemerkenswerte Langstreckenfahrt von San Francisco nach New York und wieder zurück an die Westküste. Die 10 400 Meilen lange Strecke führte zumeist über unbefestigtes Terrain und durch Landschaften ohne Wege oder Straßen. Er benutzte sogar Eisenbahnstrecken, um voranzukommen. Außer einigen platten Reifen hatte er keine Probleme.

Willy Wright

Der zehnjährige Willy Wright fuhr 1910 mit einer Einzylindermaschine von der Ost- an die Westküste der USA. Er ist damit der jüngste Cross-Country-Fahrer und sein Rekord wird wohl nie gebrochen werden, weil inzwischen Gesetze das Mindestalter für den Motorradführerschein festlegen.

Cannonball Baker

Erwin G. Baker kam 1882 in Indianapolis zur Welt. Er war ein durchtrainierter Athlet, der nur Vollwertkost zu sich nahm und Alkohol und Tabak völlig ablehnte. Er arbeitete im Zirkus und als Profi-Radfahrer. An seinem ersten Rennen nahm er mit einer gebrauchten Indian teil, die er ein Jahr zuvor gekauft hatte. Seine Freunde nannten ihn „Bake“, den Zusatz „Cannonball“ verdankte er später einem Journalisten. Baker nahm 1913 an einem Wüstenrennen teil, schied aber mit Motorenproblemen aus. 1914 stellte er einen neuen Stundenrekord auf und fuhr einige Wüstenrennen. 1915 erzielte er einen neuen Rekord für die Durchquerung der USA mit elfeinhalb Tagen. 1916 brach er zu seiner berühmten „Drei-Flaggen-Rallye“ von Kanada nach Mexiko auf. In das Motorrad, mit dem er die USA durchquert hatte, wurde lediglich ein neuer Motor eingebaut. Er verließ das kanadische Vancouver am 24. und erreichte das mexikanische Tijuana am 27. August. Er war 1655 Meilen in drei Tagen, neun

Eine Sport Scout, Jahrgang 1936, im Renntrimm in den Boxen von Daytona.

Eine Sport Scout, Baujahr 1940. Auch nach dem Ende der Produktion war die Sport Scout noch bei Bergrennen in den fünfziger und sechziger Jahren erfolgreich.

Stunden und 15 Minuten gefahren und hatte während der ganzen Zeit einmal drei Stunden lang geschlafen.

Er brach noch einige Motorrad-Rekorde in Australien und Neuseeland und versuchte 1919 die Bestleistung für Gespanne quer durch die USA zu brechen. Aufgrund der schlechten Straßen im Mittleren Westen jedoch mußte er seine ramponierte Maschine mit gebrochenem Rahmen in die Fabrik zurückschicken. 1922 fuhr er ein weiteres Mal auf einer Scout von New York nach Los Angeles und erreichte die kalifornische Metropole in siebeneinhalb Tagen. Diese Rekorde wurden parallel zum besser werdenden Straßennetz ständig verbessert, was Bakers Leistungen jedoch nicht schmälert, der noch 1942, im Alter von 60 Jahren, eine Langstreckenfahrt mit einer Indian Four unternahm. Baker starb 1960.

Adelen und Augusta van Buren

Langstreckenfahrten waren nicht das Privileg der Männer zu jenen Zeiten, wie die Van-Buren-Schwestern 1916 bewiesen. Die beiden fuhren ihre Powerplus-Twins in jenem Sommer von Küste zu Küste. Sie verließen Brooklyn, New York, am 4. Juli und erreichten San Francisco am 2. September. Sie hatten 3300 Meilen zurückgelegt. Ein Händler in Omaha gab den Mädchen eine Pistole mit auf den Weg. In der Nähe von Denver machten sie einen kleinen Umweg und fuhren auf den Pikes Peak. Sie waren die ersten Frauen, die mit ihren Motorrädern den gut 4600 Meter hohen Berg bezwungen hatten. Im westlichen Utah hatten sie Glück, als sie 130 Kilometer in die falsche Richtung fuhren und von Goldsuchern, die sie entdeckten, vor dem Verdursten gerettet wurden. Die Motorräder funktionierten fehlerfrei, bis auf zwei platte Reifen.

Rody Rodenburg

TT-artige Wettbewerbe wurden 1931 besonders beliebt, was unter anderem dem Indian-Werbechef Ted Hodgdon zu verdanken ist, der ein solches Rennen in der Nähe von New York sah. Er war vor allem davon beeindruckt, daß die Piloten mit den Maschinen teilnahmen, die sie auch zur täglichen Arbeit trugen. Folglich überzeugte er die American Motorcycle Association, diese Art von Rennen in das Reglement aufzunehmen. Die AMA folgte dem Vorschlag und veranstaltete einen nationalen Meisterschaftslauf über 200 Meilen in Jacksonville, Florida. Das Rennen am 24. Februar 1935 hatte etwas Karnevalistisches an sich, denn die Offiziellen waren bekannte Piloten. „Wild" Bill Cummins, ein Fahrer aus Indianapolis, war der Starter, Joe Petrali, ein bekannter Harley-Pilot, war Schiedsrichter und „Cannonball" Baker fungierte als oberster Rennrichter. Der Rundkurs war 1,6 Meilen lang, und am Renntag standen 10 000 Zuschauer Spalier, die einen Zweikampf zwischen einer Harley und einer Indian sahen. Den Sieg trug schließlich Rody Rodenburg auf seiner Indian Sport Scout davon.

Je besser die Straßen wurden, desto geringer wurde das Interesse an Rekordfahrten quer durch die USA. Durch den Bau neuer Straßen sanken die Entfernungen zwischen den Städten und solche Fahrten mit dem Motorrad hatten viel von ihrem Sinn verloren. Eine Strecke, die aber immer noch rekordwürdig war, war die seit 1934 vollständig geteerte Piste zwischen New York und Los Angeles. Ran-

Eine von Lee Rosenburg „komponierte“ Sport Scout. Der Motor stammt aus dem Jahre 1939, aber der Alutank und die Teleskop-Gabel stammen anscheinend aus Großbritannien.

Indian
69R

dolph Whiting auf einer Chief hatte die Strecke zweimal in diesem Jahr hinter sich gebracht und dafür bei seinem besten Versuch vier Tage und 19 Stunden gebraucht. Sein Rekord wurde von einem Harley-Piloten im Sommer des Jahres gebrochen. Rody Rodenburg unternahm einen Rekordversuch im Frühjahr 1935 und legte die 3005 Meilen in zwei Tagen und 23 Stunden zurück. Während der ganzen Zeit hatte er gerade drei Stunden geschlafen.

Bei Bergrennen ist niedriges Gewicht gefordert, wie der kleine Tank zeigt. Bei diesem Modell wurden sogar die Kühlrippen der Zylinder abgeschliffen.

Ed Kretz

Der Name Ed Kretz ist fast schon gleichbedeutend für Indian-Siege. Kretz wurde 1911 als Kind deutsch-schweizerischer Eltern geboren. Die Familie zählte elf Kinder. Während der Weltwirtschaftskrise schlug er sich als Lastwagenfahrer durch. Er kaufte eine gebrauchte Harley-Davidson und fuhr damit zu einigen Rennen. Bei einer Veranstaltung auf dem Ascot Speedway baute er Scheinwerfer und Schutzbleche ab und nahm an dem Rennen teil. Trotz eines platten Reifens und der Konkurrenz der Werksfahrer belegte er den zweiten Platz. Floyd Clymer, ein Indian-Händler in Los Angeles und Veranstalter des Rennens, wurde auf ihn aufmerksam, stellte ihn als Mechaniker ein und gab ihm Werksmaschinen. Kretz enttäuschte nicht. 1936 gewann er das 200-Meilen-Rennen in Savannah, Georgia. Ein Jahr später wiederholte er den Sieg in Daytona.

Fred Ludlow

Hap Alzina versammelte 1937 eine Reihe von Indian-Fans auf dem Bonneville-Salzsee in Utah, um einige Geschwindigkeitsrekorde aufzustellen. Diese Fahrten werden nur dann als Rekorde anerkannt, wenn eine bestimmte Strecke zweimal durchfahren wird. Dann wird der Durchschnitt genommen und in die Rekordbücher eingetragen.

Fred Ludlow erreichte auf seiner Sport Scout der Klasse C mit 45 cu. in. (ca. 725 ccm) eine Durchschnittsgeschwindigkeit von 184 km/h und später mit einer Chief mit 74 cu. in. (ca. 1200 ccm) 193 km/h.

Floyd Emde

Mit einer Sport Scout aus der Vorkriegszeit gewann Floyd Emde 1948 das Daytona-200-Meilen-Rennen. Er schlug dabei Piloten auf Harleys und ein großes Kontingent importierter britischer Motorräder.

Indian

Indian heute

Es ist gewiß nicht überraschend, daß Indian-Motorräder noch heute die Herzen von Motorradfreunden höher schlagen lassen. In den USA steigt die Zahl der zugelassenen Motorräder der Marke angeblich wieder an, nachdem immer mehr Maschinen restauriert werden. Rennfahrer, Restaurierer und Veredler halten viel von den Maschinen aus Springfield. Dazu gehören auch die Steilwandfahrer, die die Eigenschaften der Motorräder besonders schätzen. Das stabile Fahrverhalten der Indian 101 Scout, das auch freihändiges Fahren erlaubt, die Schmierung, die nur wenig Öl austreten ließ, und der T-Krümmer, der die horizontale Montage des Vergasers erlaubte, machten die Maschinen für diese Jahrmarkt-Attraktion schon zu Beginn des Jahrhunderts besonders beliebt.

Die große Anzahl der produzierten Maschinen und der frühe Export haben der Marke Freunde in aller Welt geschaffen. Die Begeisterung reicht von dem Besitzer einer Maschine bis zu dem Sammler, der zahlreiche Motorräder aus den fünfzig Jahren der Markengeschichte sein eigen nennt. Auf dem Höhepunkt der Marke waren die

Rechts:
Alan Ford und Ned Kelly, zwei britische Steilwand-Fahrer, verlassen sich noch immer auf ihre Indian-Motorräder.

Links:
In der Wand — zum Vergnügen der Massen . . .

Indian

Oben:
Zum Indian Day in Springfield pilgern die Freunde der Marke noch heute in Massen.

Links:
Eine Chief wird bewundert.

Händler angehalten, Picknicks für ihre Kunden zu organisieren. Als die Händler ihre Verträge kündigten, blieben die Kunden in Clubs unter sich.

Eines der bedeutendsten Ereignisse ist heutzutage der Indian Day, der einmal im Jahr beim Indian Motorcycle Museum, das zum Teil in der alten Fabrik untergebracht ist, veranstaltet wird. In Europa gibt es eine jährlich stattfindende Indian Rallye, und natürlich tauchen viele Maschinen bei historischen Rennen und Treffen auf. Die Militärmotorräder sieht man bei Treffen von Sammlern militärischer Fahrzeuge. Daneben bieten Flohmärkte immer wieder Gelegenheiten, alte Teile (zum Teil noch original verpackt) aufzutreiben oder ein restaurierungsbedürftiges Motorrad zu erwerben. Alte Rennjacken aus den Tagen, als die Indians die Ovale beherrschten, erzielen dabei sehr hohe Preise.

Neben den Restaurierern gibt es dann noch die Veredler. Indians waren immer schon nach den Wünschen der Kunden verfeinert wor-

den – sei es für Rundstrecken- oder Bergrennen oder einfach, um eine Maschine edler zu machen. Es ist durchaus möglich, eine Indian so zu restaurieren, daß man ein altes und zugleich einmaliges Motorrad besitzt. Das geht sogar bis zum Bau eines Indian Choppers. Die meisten Kunden der Veredler beschränken sich jedoch auf Chromschmuck und Airbrush-Lackierung, wobei Motive aus der Welt der amerikanischen Ureinwohner überwiegen.

Im Laufe der Jahre hat es immer wieder Versuche gegeben, die Marke wiederzubeleben. Viele dieser Projekte verliefen entweder im Sande oder hatten außer dem Schriftzug auf dem Tank nichts mit dem Original gemeinsam. Der aktuellste Versuch einer Neuauflage wird gerade von Wayne Baughman in Albuquerque, New Mexico, unternommen. Es gibt schon erste Fotos von einem Prototyp.

Eine große Auswahl an Teilen – von neu bis verrostet – wird bei Treffen angeboten.

INDIAN MOTOCYCLE CO.
MADE IN SPRINGFIELD. MASS. U.S.A.

Indian
Burning Blue
3.00-19
HEVEA MOTOR
HST

Oben:
Handbücher für Zivilisten und Soldaten sind heute begehrte Sammelobjekte.

Links:
Be Leenes Indian „Burning Blue“ verbindet eine Chief 1200 aus dem Jahr 1946 mit einer Gabel und Scheibenbremsen von Suzuki.

Mister
Indian
of Holland
Indian

Oben:
Dieses Modell baute Leenes für sich selbst. Es basiert auf einer Rennmaschine der Klasse C. Es hat noch den Original-Rahmen und den 45 cu. in. (ca. 725 ccm) großen Motor der Sport Scout.

Links:
Tony Leenes, der ein Indian-Museum und eine Restaurierungswerkstatt in den Niederlanden leitet, baute diese Maschine für einen deutschen Kunden auf. Sie erinnert an die Motorräder der Steilwand-Fahrer, hat aber Beleuchtung und alle vom Gesetz verlangten Teile.

Snow Pearl heißt diese Schöpfung, die sich an Harley-Linien orientiert.

Indian
EAGLE A
GOODYEAR

Oben:
Chris Ireland ist in Großbritannien für seine Show-Chopper bekannt. Er besitzt auch diesen Indian 741-B-Chopper.

Rechts:
Der seitengesteurte Motor hat im Laufe der Jahre reichlich Patina angesetzt.

Indian
15

Oben:
Dieses Chief-Gespann ist ein gutes Beispiel, wie die Motorräder veredelt werden. Airbrush- und zweifarbige Lackierung gehören ebenso dazu wie viel zusätzlicher Chrom.

Links:
Die großen Motorrad-Treffen in Sturgis oder Daytona gelten als Harley-Davidson-Rallyes. Doch sind dort auch Indians willkommen, wie diese Chief in Sturgis beweist.

Links:
Die Indian Chief gehört auch heute noch zu den unverwechselbaren Motorrädern.

Folgende Seite:
Die Motorräder werden heute gerne mit Motiven der amerikanischen Ureinwohner veredelt.

OKLAHOMA
C1265
1979

OLDIES BUT GOLDIES

Zweifellos sind klassische Automobile und Motorräder eines der schönsten Hobbys unserer Zeit. Gerade im Zeitalter funktionaler High Tech-Fahrzeuge, cW-gestylter Karosserien und zweckmäßiger Innenausstattung entdecken immer mehr Menschen die **automobile Vielfalt** vergangener Jahre. **Individuelle Schönheit, verspielte Eleganz** und **ursprünglicher Fahrspaß** einerseits, beständige Kapitalanlage andererseits, machen Oldies zu Goldies. Ob Sie sich für Europas größte Oldtimer-Zeitschrift **„OLDTIMER MARKT"**, für die preisgünstige Schwesterzeitschrift **„OLDTIMER-PRAXIS"** oder für beide Titel entscheiden, richtig liegen Sie in jedem Fall. Denn im 14-tägigen Wechsel finden Sie neben einem großen Kleinanzeigenteil alles, was Ihr Herz begehrt – vom fundierten Fahrbericht bis zum ausführlichen Terminservice, vom aktuellen Marktspiegel bis zum umfangreichen Clubverzeichnis, vom turbulenten Zweiradgeschehen bis zur informativen Kaufberatung, und und und . . .

Am besten, Sie machen sich selbst ein Bild. Natürlich gratis!

Coupon

Bitte ausfüllen und einsenden an:

VF VERLAGSGESELLSCHAFT MBH
Postfach 4060
55030 Mainz

Ja, bitte schicken Sie mir kostenlos das neue Heft

OLDTIMER MARKT ☐		**OLDTIMER-PRAXIS** ☐	
Jahresbezugspreis		Jahresbezugspreis	
in Deutschland	DM 58,–	in Deutschland	DM 32,–
Ausland, Normalpost	DM 80,–	Ausland, Normalpost	DM 38,–

Nur wenn mich die oben angekreuzte Zeitschrift überzeugt und ich Ihnen nicht abschreibe, erhalte ich die angekreuzte Zeitschrift frei Haus, im Abonnement zu den oben genannten Preisen.

Name/Vorname

Straße/Nr.

PLZ/Ort

Datum/Unterschrift

Diese Vereinbarung kann ich binnen einer Frist von 14 Tagen nach Erhalt des Probeheftes schriftlich widerrufen. Zur Wahrung der Frist genügt die rechtzeitige Absendung des Widerrufs an VF VERLAGSGESELLSCHAFT MBH, Postfach 4060, 55030 Mainz. **Fax: 06131/992-103**

Datum/Unterschrift

Monat für Monat der Höhepunkt

Zwölfmal im Jahr erscheint das Motorrad-Magazin MO, zwölf Höhepunkte für Motorradfahrer, Fans und Begeisterte. Test, Technik, Zubehör und Sport sind die wichtigsten Ressorts in MO. Das Redaktionsteam stellt Motorradtechnik anschaulich dar, es werden aktuelle Modelle getestet und verglichen, interessantes Tuning und Eigenbauten vorgestellt, Straßen- und Rennmotorräder moderner wie auch klassischer Machart auf ihr Potential hin geprüft. Beratungen, Zubehör, packende Reportagen und Szene-Highlights bis zum nationalen und internationalen Rennsport formen Motorrad-Magazin MO zu der Zeitschrift für den interessierten und engagierten Motorradfan.

Motorrad-Magazin MO kostet DM 6,– (sfr. 6,– oder öS 48,–) oder im Jahresabonnement frei Haus pro Ausgabe nur DM 5,40 (im Ausland DM 6,40). Informationen bei MO-Verlag GmbH, Straußstaffel 3, 70184 Stuttgart

MOTORRAD-MAGAZIN
mo
TEST · TECHNIK · ZUBEHÖR · SPORT